# 측백나무 숲길을 걷다

이선미 디카시집

시와사람

이선미 시집

## 측백나무 숲길을 걷다

2023년 6월 20일 인쇄
2023년 6월 30일 발행

지은이 | 이 선 미
펴낸이 | 강 경 호
발행처 | 도서출판 시와사람
등  록 | 1994년 6월 10일 제 05-01-0155호
주  소 | 광주시 동구 양림로119번길 21-1(학동)
전  화 | (062)224-5319
E-mail | jcapoet@hanmail.net

ISBN 978-89-5665-678-6  03810

값 15,000원

· 잘못된 책은 구입하신 서점에서 바꾸어 드립니다.


**공급처 ■ 한국출판협동조합**
경기도 파주시 적성면 적성산단3로 10 (적성일반산업단지 내)
주문전화 (02)716-5616, 070-7119-1740

ⓒ 이선미, 2023
이 책의 저작권은 저자에게 있습니다.
저작권에 의해 보호를 받는 저작물이므로
저자의 허락 없이 무단 전재와 복제를 금합니다.

측백나무 숲길을 걷다

시인의 말

오래 전부터 '제주 시편'을 쓰려 했다. 아름다운 풍광과 그 산하에서 살아온 사람들의 삶을 나의 시선으로 해석하고자 하여 마침내 사진을 곁들인 '제주 시편'을 엮었다.

제주도는 섬 전체가 세계자연유산으로 지정된 천혜의 땅이다. 문화적, 자연적으로 육지와는 다른 제주도에 살면서 마치 고향 같은 동질감을 느껴왔다. 가는 곳마다 잘 보존된 자연환경에 깃든 수많은 이야기가 나의 시심을 움직이는데 충분한 이유가 있었다. 그러므로 이 시집은 순전히 제주도를 사랑하고 아끼는, 제주도를 위한 나의 헌사라고 볼 수 있다.

그럼에도 나의 제주도 사랑은 아직도 허기지다. 끊임없이 제주도 사랑을 시로 노래할 것이다.

2023. 여름
이선미

측백나무 숲길을 걷다/ 차례

시인의 말 · 12

## 제1부 절벽

절벽　12
그대 사랑에 1　14
그대 사랑에 2　16
거대한 정신　19
산방산　20
한라산 정상으로 오르는 나무들　23
서귀포에 와서　24
직립　27
만국기처럼　28
억겁의 시간이 흘러갔다　31
백록담 설화　32
폭풍 속의 나무　35
의자　36
성산포 일출봉에서　39

## 제2부 겨울 아침에

42　겨울 아침에
45　한라산을 바라보다
46　주상절리대
49　측백나무 숲길을 걷다
50　트렁크가 있는 풍경
53　수국이 있는 풍경
54　삶과 죽음의 경계에서
57　봄길
58　저녁 무렵
61　푸른 메꽃
62　수국잎을 바라보며
65　숲속의 길
66　바다를 낚는 사람
69　푸른 섬

# 제3부 한가로운 풍경에 깃든 이야기

한가로운 풍경에 깃든 이야기 72
일몰의 풍경 75
선인장 가시처럼 76
고도를 바라보며 79
허공의 길 같은 80
길 83
커다란 우주 84
바람부는 날 87
잠에서 깨어나 88
영감이 있는 밤 91
유리창 92
제주 사람들은 모두 해가 되었다 95
영실봉의 붉은 새 96
날지 못하는 새 99

## 제4부 갈매기의 꿈

- 102 갈매기의 말
- 105 제주의 세한
- 106 용두암
- 109 하루방 내외
- 110 제주 사람을 닮은 바위
- 113 동백꽃
- 114 담장 위의 개
- 117 제주 해녀
- 118 날고 싶은 자전거
- 121 하늘에서
- 122 푸른 설원
- 125 바다가 보이는 마을
- 126 둥근 돌들이 읽는 명심보감
- 128 물허벅

제1부

절벽

# 절벽

수억 년 풍상에 남아있는 누군가의 형해
설화 속의 거대한 거인이었을까
위에서 내려다 보면
깊이를 알 수 없는 심연의 바다는
누군가의 마음일까
나도 누군가에게 바라보기 아찔한,
그래서 다가가기 힘든
직립으로 선 수직의 고집으로 보일지도 몰라
그 자리에서 수억 년 무엇을 꿈꾸었을지도 모를
풍화에 깎이고 파도에 침식당한 억겁의 세월
부드럽고 따스함이라곤 눈꼽만치도 없는
차갑고 냉정한 빙하 같은 모습으로
무엇을 생각하는걸까
나는 절벽 위에 핀 보랏빛 꽃으로 피어
다가갈 수 없는 바다를 닮아가고 싶은데
가장 척박한 절벽 위에서
바람 맞으며 한세상 노래하고 싶은데
아찔한 수직의 절벽 같은 세상을
그저 푸른 바다의 마음을 읽고 싶은데.

## 그대 사랑에 1

파도가 때릴 대마다
무겁고 견고한 마음으로 맞선다
두들겨 팰수록 살아나는 팽이처럼
요지부동이다
우리끼리 어깨 맞잡고
거대한 태풍의 바다가 몰고 오는 폭력에
즐겁다
세상이 요동칠수록
지상의 뿌리 붙잡고 꼼짝하지 않는다
그대여.
사랑이여,
나를 사랑한다면
내 몸에 채찍을 휘둘러라
그대 사랑에 나의 사랑법은
그대에게 온 몸을 맡긴다.

# 그대 사랑에 2

사방이 푸른 감옥이다
나는 그 감옥에 갇힌 죄수여서
망망대해 검푸른 바다 가운데에서
오직 나를 감싸는 그대 사랑에
마음이 아프다
짜릿한 행복이다
어느 날은 감옥을 향해
싸대기를 내리치는 파도가
또 어느 날은 부드럽게 내 몸을 어루만지는
그대 손길에 마음이 푸르러진다
그대 깊은 수심이 내 심연의 뜨거움을
나는 속 깊은 그대 사랑을 느낀다
그대가 나를 어루만지면서도
포말처럼 쏟아내는
주체할 수 없는 짜디짠 눈물에
내 사랑은 깊어져
그대의 뿌리에 가 닿는다
누가 내게 감히 외롭다 하지 말라.

# 거대한 정신

망망대해,
검푸른 파도 위 돌부리에서
꼼짝 않는 해오라비 한 마리
곧 폭풍이 몰려올거라는 일기예보에도
무엇을 바라보는가
저 무모한 시간과 연약한 몸이
오히려 우직하다
산다는 건 모험의 연속
위험의 살얼음판에
겨우 버팅겨 서서 응시하는 눈길
하루종일 한곳에 꽂혀있다
고단한 시간을 때리는 죽음의 그림자 같은,
폭풍 속에서 침몰할 것 같은
위태위태한 돛단배 같은
목숨을 위해 목숨을 거는
폭풍의 냄새가 비릿하게 느껴지는
남쪽 끝 마라도 어디께
온 몸으로 바다와 맞선
거대한 정신 하나.

# 산방산

드넓은 바다 끝에 솟아오른
견고한 마음 하나
온 몸에 철갑을 두른
우리나라 맨 남쪽을 지키는 장수 같다
'오름'을 넘어 '산'이 된
몇 안 되는 제주의 수문장
어떤 해적들도 범하지 못한다
바다가 간지럼을 줘도
태풍이 바다를 뒤집어 놓아도
침묵으로 바다를 응시한다
누군가는 하늘을 받히는 기둥이라 하고
누군가는 마고할미의 발이라고 하는데,
억겁의 세월을 층층마다 켜켜이 쌓아
신이 되었다고 하는데,
나는 언젠가 산방산이
우는 소리를 들은 적이 있다.

# 한라산 정상으로 오르는 나무들

한라산 오르는
폭설이 내린 길을 가다가
하얗게 언 나무들이 뭐라고 하는 소리를 들었다
본래 산 아래에서 살다가
정상이 궁금하고 그리워
오르는 길 어디께서 내려다본
제주섬이 하도나 아름다워
정상에 오르는 즐거움을 잠시 잊고
온 몸이 꽁꽁 얼어도 좋아
우리나라에서 가장 눈이 많이 내리는
한라산 중턱을 지나 정상 부근 어디께에서
한 오백 년 눈을 맞고 있는 것이란다
봄이 오기 전, 꽁꽁 언 눈 속에서
세상의 모든 길이 닫힌 풍경이 되어
가슴 속으로 새하얀 길을 여는
한라산 겨울나무들
이제 정상으로 향하고 있다.

# 서귀포에 와서

누가 죽란매국을 사군자라 했나
제주에 와서 겨울 들판을 지나면
그 말이 허언임을 알겠다
잎새 떨구고 겨울잠에 들어선 나무들의 꿈을
눈 속에서 노란 등불 환하게 켜고
온몸이 왕창 휘어진 채로
겨울 추위를 녹이고 밝히는 저 환한 이정표
중문이나 안덕 그쯤을 지나다가
눈에 갇혀 어둠 속을 방황하는
나에게, 등불이 되어보라고
가지 하나를 들어
뜨거운 귤 하나 손에 쥐어줄 것 같다.

# 직립

나무는 눕지 않는다
언제나 직립을 꿈꾼다
수직의 유전자를 이어받은
차가운 핏돌기는 하늘로만 향한다
스스로 절벽을 만들어
위태위태한 제 생을
고집 하나로 끌고 간다
비가 수직으로 내리듯이
보이지 않는 허공에 길을 내는
직립의 보법을 보며
숲에 취해 허투르게 길을 걸어온 나는
나무 아래에 서면 부끄럽다
태풍이 치고 눈보라가 몰아쳐도
우직하게 직립하는 나무의 고집,
아무것도 보이지 않는 어둠 속에서
안개 속에서도
우주 어딘가에 있을 별이 되기 위해
나무는 직립의 길을 간다.

# 만국기처럼

오래 물에서만 살아온 족속이거늘
심해를 유영한 것은
하늘을 오르기 위함인 것을
물에 젖은 生 말려
몸이 가벼워져 며칠째 하늘을 나는
저 미라들, 펄럭이는 만국기 같다
다만 일생을 키워준 푸른 바다의 냄새와
소금에 절여진 푸른 하늘을 닮아
막, 몸이 가벼워진다.

# 억겁의 시간이 흘러갔다

산방산 부근,
속내를 드러내기 위해
파도와 풍화에 뜨거운 마음 씻어내고 있다
몇 번은 펄펄 끓는 용암의 강물이 흐르고
몇 번은 대륙의 강물이 흘러
켜켜이 쌓인 억겁의 시간들이
오늘은 추상화처럼, 판화처럼
풍경이 되어 또다른 그림을 그리고 있다.

## 백록담 설화

어떤 화가가
천지를 왕관이라 하고
백록담을 자궁이라 했다
하얀 사슴들이 목을 축이고 가는
이천 미터 하늘호수
사슴을 낳고 사슴을 키우는
반도의 자궁에서
사슴이 우는 소리가 들릴 것 같다
하늘은 검고 대지는 누런
천지현황(天地玄黃) 그 사이에서 바라보면
그 옛날 마고할미 생각이 난다
하늘과 땅 사이 자궁에서
바다를 양수 삼아 섬을 낳은
까마득한 설화의 신성함
나는 오늘 백록담에 올라
신선이 되고 싶은가.

# 폭풍 속의 나무

삼다도(三多島)라 했다
그 중 여지껏 남은 것은 바람뿐
청명한 날 파도소리에
바람이 나뭇가지 휘어지게 불고 있다
어디선가 소금 냄새가 난다
이어도 먼 바다에서 불어오는 폭풍이
섬을 통째로 날릴 것 같다
바람의 칼날에 가지가 부러질지언정
바람의 고약한 성미에 어깨가 날아갈지언정
끝끝내 살아남아
상이군처럼 팔 하나가 떨어져 나가고
절음발이가 되었어도
한 발짝도 물러서지 않고
저 푸르름 뚫고 하늘에 길을 낸다.

## 의자

아무도 앉지 마라
권력과 폭력의 자리
그러나 보잘 것 없는 권좌
힘없는 자의 다리가 되어주고
지친 자의 잠시 휴식이 되는
초라한 의자가 되라
"누가 작은 의자가 되어보았는가"
질문하는 풀밭 위의 의자.

# 성산포 일출봉에서

태초부터
단 한 번도 멈추지 않는 저 짓
아침바다 태양은 떠오르고
금빛바다 파도소리 식상한 저 짓
그러나 어제의 그 일출이 아니다
어제의 그 파도소리가 아니다
때로는 폭풍에 할퀴고
거센 파도는 풍경에 상처를 입혀
성난 아침의 내력들
그럼에도 변함없는 저 짓
아침 실루엣에 일출봉 검게 눈부시고
어느새 순해진 황금빛 바다는
출렁이는 마음을 다독인다.

# 제2부

겨울 아침에

## 겨울 아침에

잦은 폭풍에 상처입고
산발한 여인처럼 미친 듯이 우는 마음을
날아가지 말라고 꽁꽁 얽은 집,
그 위에 밤새 내린 신산한 인생처럼
새하얀 겨울의 발자국이 쓰디쓰다
삶이란 얼기설기 쌓은 돌담 같은 것이어서
쉽게 무너져 내리지 않는 것
우리는 그 돌담길 차디찬 길을 걸어가면서
따스한 것이면 무엇이든지 그리워한다
그 따스함으로 길을 가다보면
어느새 길은 빙판도 사라지고
탄탄한 제 길을 갈 것이니
그대여, 바람 불고 눈 내린 아침
곧 만나게 될 따스한 봄날을 향해
오늘은 이 쓰거운 길을 가자.

# 한라산을 바라보다

까마득한 날 마고할미가 지은 봉우리
섬 어디에서든 어미처럼 자애로운 모습으로
굽어보는 저 눈길,
혹은 한라산 눈빛 아래 어디에도 숨을 곳이 없는
섬의 슬픔이여,
그래서 눈물겹게 기쁜 나날이여,
겨울 눈보라에 덮힌 영봉에서
가을 은발의 억새들이 서걱이는
우리가 사는 나날들의 쓸쓸함이 고즈넉하다
봄날의 신생이여,
여름날의 무성함이여,
마침내 이별을 앞둔 계절의 길목에서
우뚝 서서 내려다보는 저 산의 눈빛이 맑은 날
곧 다가올 결빙의 견고함도
그 끝에서 만나는 신록의 아침을 기억하자.

## 주상절리대

누구의 기도처인가
누구의 소망이 깃든 뜨거운 마음들인가
세상에서 가장 간절한 마음들을
하나씩 하나씩 쌓아
신묘한 풍경이 되었는가
누군가는 뜨거운 용암이 바다에 흘러내려
피식피식 식으며 돌이 되어 굳었다고들 말하지만
나는 그런 말 따위를 믿지 않는다
신(神)이 정교하게 빚은 탑이라는 말도 믿지 않는다
뺨을 때리는 파도를 헤치고
오직 쓰겁고 뜨겁고 절실한 것들이 모여
수만 년 동안 켜켜이 쌓여
침묵의 노래가 되고,
우리는 이 무겁고 간절한 마음을
정갈함으로 기도드리듯 경배한다.

# 측백나무 숲길을 걷다

피톤치드 향기가 진동하는
푸른 꽃길이었지요
그때까지 나는 질주하는 직선의 길 위에서
목표지점을 향해 마구 달리고 있었지요
어쩌다 잘못 든 그 원시의 길에서
휘발유와 자본의 냄새
술과 향락의 냄새에 찌든
내 모습을 알게 되었지요
좁은 길 따라 숲 속으로 사라지는 뱀처럼
음침한 그늘 아래를 걸어갔지요
그 향기로운 길에 취해
느림뱅이처럼 천천히 가는 나를 발견하였지요
처음으로 내 모습을 깨닫게 해준 길이었습니다
속도도 낼 수 없는 오솔길을 한참 가다보니
어느새 피톤치드 향기에 젖었습니다
붕붕 날아가는 한가로운 벌이 되었습니다
측백나무 숲에서 숲으로 날아가는
부리와 날개가 아름답고
꾀꼬리처럼 기발한 소리를 내는
악기가 되었습니다.

## 트렁크가 있는 풍경

트렁크, 문명의 기호
산과 들 그리고 산과 하늘, 자연과 원시의 기호
이질적인 이 기호들
이것들의 간극에서
나는 기묘한 풍경의 낯섦과 낯익음을 본다
유목민처럼 비행기에 오를 때마다
나와 함께 했던 트렁크,
그 속에 나의 과거와 현재가 들어있다
자연의 일부라는 인간의 고향,
유년에 뛰어놀던 산과 들
그리고 어느 가을 코스모스 길에서
쫓아다니던 고추잠자리가 떠오른다
트렁크에는 나의 미래가 들어있다
차곡차곡 쟁여둔 옷과 세면도구
그리고 숫자 가득한 서류철
오래 질주하는 시간 속에서 잊었던
원시의 기억들엔 추억이 깃들어 있고
나는 이 기이한 풍경 앞에서
구하고자 하는 것이 무엇인지
질문을 던진다.

# 수국이 있는 풍경

코발트빛 호수가 떠오른다
푸른 빛에 물든 유년의 기억들도 생각난다
이제 자본에 길들여진 나의 깊은 곳에 피어있는
수국은 하나의 푸른 기호에 지나지 않는다
양쪽가에 만개한 수국꽃이 피어있는 길
그 길을 걸어가며 이상하게도
오래 잊은, 그래서 화석이 된 기억들이
깨어나려는 알의 균열처럼
내 의식이 깨어나고
유년에 꿈꾸었던 허황된 꿈들이 피어난다
어느새 마음이 향기로워지고
어둡던 내면이 환해진다
아아, 초록의 나무들이 소곤거리는
방언들이 기도처럼 귀에 들려온다
오래 잊었던 내 얼굴이 생각난다.

# 삶과 죽음의 경계에서
- 주목


죽음의 세계가 저승이라면
이승에서 천년을 보내고
저승에서 또다시 천년을 살아가고 있다
푸르던 살가죽과 얼굴빛이 다만 새하얘졌다는 것
바람소리 그대로 듣고
태풍과 눈비를 그대로 맞는
아무렇지도 않는 시간들
더 높은 데로, 더 높은 데로
산비탈을 오르다가 한라산 정상 부근 어디께에서
나는 이승의 삶을 마감하고
바로 그곳이 나의 무덤이 되어
꼿꼿하게 붙박힌 채 영겁의 시간 속을 걷는다
삶과 죽음이 딱히 경계가 없어
살아있는 푸르른 것들의 심장소리를 들으며
바람이 불 때마다 나는 휘파람소리를 낸다
저만치 희미한 풍경 끝에
늘 보아왔던 파도치는 바다도
그대로이다.

# 봄길

봄길이 달린다
유채꽃과 벚꽃들이 마중 나와
손을 흔들며 환영하는 봄길
어느새 꽃향기 풀풀 날리며
봄의 종착지로 향하고 있다
길은 구부러졌어도 고속으로 달리는
봄길 너머로
참아왔던 인내심이 한계에 다다른 듯
꽃들도 길을 달린다
이제 곧 푸른 옷으로 갈아입은
봄길이 속도를 제어하고
바람에 마구 손을 흔들며
신록의 노래부를 것 같다.

## 저녁 무렵

해가 막 질 무렵
바다에 고래 한 마리 길게 누워있다
하늘엔 오렌지색
어둠이 막 몰려올 그 시간
파도소리도 붉고, 하늘도 붉은
바로 그 무렵
바다 앞에 서면,
모든 것들은 검은 실루엣 속에
제 이름들을 검게 지우는데
길은 평등의 바다로 숨어들고
여지껏 드리웠던
生의 낚시, 만선이 아니어도
고래 한 마리 낚지 못했어도
그래서 生이 허탕질을 했을지라도
황금빛으로 물들어
마침내 어둠으로 하나가 될지니
그대여, 너무 아쉬워말라
또다시 햇살이 그대의 얼굴을 비출 것이니.

## 푸른 메꽃

용암이 강물처럼 흘러간 자리
검은 재가 현무암이 된
억겁의 숭숭 뚫린 시간의 그늘 아래
생명의 강물이 흐르고 있다
푸른 노래, 푸른 울음, 자줏빛 수줍은 목소리로
어느 규방의 젊은 처자처럼
살며시 고개 든 모습이 다소곳하다
불모의 사막에서 핀 꽃처럼
연약해 보이지만 강인한 정신 하나로
하늘 하늘
하늘로 길을 내고 있다.

## 수국잎을 바라보며

저 수많은 손바닥들
금방 손뼉칠 것 같다
뜨겁게 악수할 것 같다
초록의 목소리로
한참을 들여다보는 내게
뭐라고 말을 걸 것 같다
바람에 흔들릴 때마다
떼거리로 합창할 것 같다
몸을 흔들어 춤을 출 것 같다
오직 푸르른 열기로
이 세상 초록의 물감, 칠할 것 같은데
소리를 잃은 나의 손바닥은
돌처럼 굳어 노래부르지 못한다
장차 물빛 꽃봉오리 피워내며
순결한 마음
내게 전이될 것 같다.

# 숲속의 길

누군가 초록의 생명 가운데로
길을 내었을까
산짐승들 지나가도
풀잎 하나 쓰러트리지 않는데
인적 드문 숲 그늘 아래
산새들 오래된 나뭇가지에서
뭐라고 지저귀는
여기는 언제나 아침.
그 아침이 머무는 초록의 나라에
누가 수천 번 지나갔을까
길은 꼬리가 긴 뱀이 되어 어슬렁대고,
그 길을 걸어가는 나는
뱀의 꼬임에 빠진
하와이거나 아담이어서
흔적을 지우지 못하고 죄를 지은
숲속의 망령이거늘
숲이여, 아침이여,
제발 내 길의 흔적을 지워주시길.

# 바다를 낚는 사람

무모한 사람이여,
무슨 죄를 지었기에 시지프스처럼
날마다 형벌을 받는가
은빛이었다가 금빛으로 빛나는
거대한 용을 닮은 서귀포바다를
낚으려 하는가
이어도 어디께에 바닷속에서 숨을 쉬는
용의 은빛이거나 금빛의 비늘 반짝거리고
태풍이 불 때마다 용의 숨소리 들리지 않는가
참으로 가엾은 사람이여,
마치 나를 닮았구나
끝없는 탐욕의 바다에서
채울 수 없는 허기로
무엇인가를 끊임없이 먹어치우는
저 거대한 절망이여.

# 푸른 섬

바다도 푸르고 섬도 푸르다
모두가 잠든 깊은 밤
불빛 몇 개 잠들지 못하고
인기척을 말해준다
비행기가 착륙을 위해 하늘을 선회하는
그 푸른 밤
내 마음도 푸르고
곧 지상에 닿을 부푼 마음에
마음이 설레이는데
밤이 깊을수록 별처럼
어둠 속에서 반짝이는 생각들
오늘 밤 섬도 잠 못 들고
나의 꿈도 푸르게 잠들지 못할 것 같은
푸른 세상.

## 제3부

한가로운 풍경에 깃든 이야기

## 한가로운 풍경에 깃든 이야기

어미 말과 새끼 말이 노는
한가한 풍경 속에
몽골족이 휘두르던 칼날이 떠오르고
비명이 들린다
오름에서 건너편 오름을 바라보라
상처 입은 이 땅의 역사가
기생년 치마처럼 펼쳐지거늘,
그러므로 목가적인 풍경이 아니다
철없는 망아지를 위해
어미 말의 풀 뜯는 소리는
어린 것을 키우는 모성 같은
제주 어디께의 성처여.

# 일몰의 풍경

해지는 저녁 무렵
누군가를 위해 두 개의 의자를 마련한 것은
그들을 기다린 증표이다
새 떼들의 깃을 내리고
고단한 날개를 접어 하루의 안식을
목동처럼 양떼를 몰고 집으로 돌아오는
거룩한 그들을 위해
이 신성한 자리를 비워둔 것이거늘
오늘도 수고했다
고단한 몸을 쉬거라
누군가가 말할 것 같은
저녁이 날개를 접고
의자 두 개에 앉을 것 같은
지금은 하루 동안 수고한 태양이 지는
일몰의 풍경.

# 선인장 가시처럼

어느 파도에 휩쓸려
서귀포 어느 해변에
뿌리 내렸을지도 모른다

누구를 찌르기 위해 가시가 돋힌 것이 아니다
아득한 파도의 거리를 건너 오는 동안
넋을 놓을까봐
스스로를 찌르기 위해 돋은 가시이거늘

사막에 던져놓아도 살 수 있는
생존의 비밀을 간직한 선인장처럼
파도와 싸워 이긴 제주 사람들 정신의 표상이거늘

그대여,
세상 살기가 힘들 때면
선인장처럼 제 살갗에 가시를 키워
용맹한 무사처럼 스스로를 지키겠는가.

# 고도를 바라보며

육지로부터 멀리 떨어진 섬은
스스로 자초한 일이다
멀리 떨어질수록
외로움도 쓸쓸함도
스스로 자초한 일이다
그대는 얼마만큼 외롭고 쓸쓸한가
스스로 파도에 둘러쌓고
감옥을 지어본 적이 있는가
섬이 된다는 것은
마음이 착해진다는 것,
세상의 소문에 귀를 닫는다는 것,
오직 바다가 들려주는 복음을 듣기 위한 것,
이 단조로운 풍경 위에 해가 떠오르고
달이 떠오르는 무미건조한
배경이 되는 일은
오직 둘이서
서로 바라볼 수 있다는 것.
섬, 원시의 묵언이 되고
잠언이 된다는 것 뿐.

## 허공의 길 같은

구름 하나
망망대해의 하늘을 걷다가
어디께에서 사라져도 좋은
단순한 배경이 되어도 좋으리

빈 지도 나침반도
좌표도 없는 허공의 길
목적지도 갈 곳도 없이
길을 가는 것

그대는 이렇게 길을 걸어본 적이 있는가.

# 길

길은 어디에도 없다
사방이 길이다
이 막막한 길 위에서
어디로 가야 하는가

한때는 아무렇게 길을 갔다
한때는 잘 뚫린 길을 간 적도 없다
바다에 이르러 길은 끊어졌지만
배를 타고 이어지는 길은 끝이 없다

어디로 가야할지 걱정마라
이제 하나 남은 이정표의 방향도 지워라
내가 머무는 곳이 길이다
내가 가는 길이 길이다.

## 커다란 우주

무슨 골똘한 생각을 하는가
짐승 한 마리,
참 귀엽고 깜찍한 것
어떤 생각이 있어
무엇을 바라보는가

그것을 바라보는 것만으로도
마음은 정화되지만,
저 작은 미물도
나뭇가지가 무슨 생각이 있어
해뜨는 곳이나 해지는 곳으로 향하는 것처럼
생각이 골똘한 것은
저 영혼이 커다란 우주이기 때문
나는 여지껏 생각조차 못했다.

# 바람부는 날

바람이 지나가는 자리
부드러운 손길이 닿는다
감각적으로 허리를 숙인다
파도가 치고 물결이 일렁인다
이짓을 수만 번 반복하며
보리는 자란다

몹시 바람이 불던 날
파도가 섬을 할퀴는 밤
꼼짝없이 이불을 뒤집어 쓰고
밤새 무서운 바람소리를 들으며
자란 섬 아이들은
보리처럼 여물었다

바람이 분다
보리밭이 일렁이고
또 아이들이 자란다.

## 잠에서 깨어나

어스름한 아침무렵이었던가
저녁무렵이었던가
식구들 들일에 나가고
혼자 집에서 낮잠을 자다가 일어나
밖을 보니 안개가 낀 듯하고
저녁밥 짓는 연기 온 마을에 가득했던가
지금까지 단 한 번도 본 적이 없던 풍경이
눈 앞에 펼쳐졌어요
현실인 듯 꿈결인 듯
눈 비비고 한참을 들여다보았던 몽롱한 기억
숲속을 기어가는 길은 희미한 빛 사이로 사라지고
은총 같은 순금으로 빛나는 하늘 속으로
나의 영혼이 마구 빨려들 듯했던,
찰라에 수많은 영감을 주었던 풍경
나무들은 저마다 황금빛으로 눈부신데
나는 그 풍경 속으로 천천히 들어갔지요
나의 기억은 거기까지였어요
다시 꾸고 싶어도 꿀 수 없는
내 영혼이 바르르 떨었던 유년의 풍경.

# 영감이 있는 밤

그야말로 칠흑같은 밤이었어요
왜 그랬는지 지금도 알 수 없어요
하늘에는 짐승에게 반쯤 먹힌 듯한
달이 떠 있었어요
지상에서는 가로등 불빛 몇 개가
두려움에 떨며
소리 죽이고 제 존재를 감추려
어둠 속에 서 있었어요
달과 가로등이 있었지만
왜, 숯검댕이처럼 캄캄했을까요
생각해보니 푸른 빛의 밤이었던 것 같기도 해요
마음 속의 모든 등불이 꺼지고
벼락처럼 영감(靈感)이 스치고 간 뒤였어요
어둠 속에서 세례를 받은 듯
온 몸이 푸르러지고, 까매지고
마침내 어둠이 된 것 같았어요
순백의 어둠.

# 유리창

투명한 물방울이
투명한 내 영혼의 유리벽에
슬픔처럼 흘러내리는 날
내 마음은 온통 젖어
파랗거나 오렌지 빛이 된다

투명하다는 것은
속이 훤히 비친다는 것
세상의 어떤 것도 투과할 수 있다는 것
모두를 받아줄 수 있다는 것
그러나 나는 투명한 물방울이
내 안에 스며들지 못하고
마음의 벽에 흘러내리는 것에
더 이상 투명하지 못하고
파랗거나 오렌지 빛으로 변하고 말아

나는 투명하지 않은 것이 분명하다
누군가 내게 손을 대면 깨질지도 모른다.

# 제주 사람들은 모두 해가 되었다

제주에서는 바다에서 해가 뜨고
바다에서 해가 진다
한라산에 올라보면
해는 언제나 바다 위에 떠 있고
제주 사람들은 모두 해가 된다
어디에서도 흔한 감귤과
감귤빛 얼굴을 한 해가 눈부시가

그 옛날 배고픈 시절
먹지 못해 누렇게 뜬 얼굴도
이제는 먹을 것이 남아 돌아도
제주 사람들 얼굴은
이제 빛이 나는 해가 되었다

해가 뜬다
이윽고 바다 속으로 첨벙! 해가 진다
노란 해를 닮거나 귤을 닮은 사람들이
하늘과 지상에서 풍덩! 바다에 빠졌다가
아침이 오면 노랗게 하늘에 오른다.

# 영실봉의 붉은 새

영실봉 구름의 옷을 입고
그 아래 철쭉꽃이 붉게 피어나는 봄날
보이지 않아도 다 안다
그 옛날 이 땅에 살았던 이름없는 사람들이
새가 되어 철쭉 붉은 빛으로 살아와
영실봉 아래거나
함부로 오를 수 없는 산에 올라
뭐라고 말을 해댄다
그러므로 산에 피는 붉은 꽃 색이면
모두가 고향을 떠나지 못하고
지난 날을 그리워하며
구름 속을 날다가
산 아래 내려와 붉은 울음으로
무슨 한이 깊은지
제 어미와 아비의 이름을 부른다.

# 날지 못하는 새

언제부턴가 날갯짓만 하고
날지 못하는 커다란 새들이
나무처럼 붙박혀 울고 있다
소복을 입은 듯 새하얀 새들
청보리밭 가운데 서서
보리가 익어가는 보릿고개
그 고갯길에서 삐그덕 삐그덕 소리를 내며
뼈가 흔들리는 울음을 운다
바람이 몹시 부는 날이면
가마니에 싸여 오름으로 오르던
새가 되었어도 기운이 없어 날지 못하는
굶어죽은 누이들의 슬픔이
울음이 되어 창공을 난다.

제4부

갈매기의 말

## 갈매기의 말

갈매기 한 마리
검은 현무암에 앉아
먼 곳을 응시한다
필시 이 새는
그 옛날 이 땅에 살았던 사람,
섬을 벗어나 살지 못하고
해안 가까이서 하늘을 날다
다시 섬으로 날아온 새
이제 섬을 벗어나는 일은 순식간이지만,
그 옛날 섬에 갇혀
날아가지 못했던
이어도이거나 육지를 그리워하며
푸른 바다를 바라보는 것.

# 제주의 세한

바람에 날아가지 못하도록
마음이 꽁꽁 묶인 채
눈 속에 파묻혀 있다
천지는 눈보라여서 한치 앞도 안 보이는데
어두운 마음을 밝혀주듯
그 곁에서 세한의 결기 하나로
등불을 밝혀들고 있는
노란 귤을 단 나무 몇 그루.

# 용두암

마고할미가 불덩이로 제주 섬을 만들 때
바닷속에서 꿈틀대고 있었던 용 한 마리
이 신성한 신(神)은
바닷속에서
지지직!
용암이 식는 듯한 소리를 내며
막 섬이 되려는 땅에
마구 비를 뿌렸다고 한다
이윽고 섬이 완성되어
한라산에 온갖 것들이 살아올 때
비를 뿌리느라고 지쳐버린 용은
제주 서쪽 바닷가에서 몸을 추스르다가
안타깝게도 일어서지 못한 채
제주 섬을 지키는 수호신이 되어
바위가 되었다는 이야기.

# 하루방 내외

제주 사람 둘이서
이른 봄 유채꽃 핀 들판을 거닌다
두 눈 부아리고 어디를 가시나
천지는 온통 벌들이 웅웅거리고
유채꽃 향기 숨막히는데,

눈 내리는 겨울에도 그러했으리라
두 내외 앞서거니 뒷서거니
꼭 그만큼의 거리를 두고
마실을 나가신다

어느 날은 마을 앞에서
수호신처럼
어느날은 들판길을
그냥 하릴없이 거닐어 보시는 것이라.

## 제주 사람을 닮은 바위

얼마나 뜨거웠을까
가슴에 불같이 더운 기운 어쩌지 못하고
연장이 되고 칼이 되기 위해
대장간 차가운 물 속에서 식히던 것처럼
피시식 피시식, 제 열정 식히다가
마침내 검은 얼굴로
거친 광야에 버려졌어도
손등이 골골이 주름지고 거칠어져
마침내 살아낸
제주 사람을 닮은 바위여.

# 동백꽃

제 마음의 불 끄지 못해
땅에 떨어졌어도 재가 되지 못한
붉은 순정,
일 년 중 가장 추운 날이어도
그리워하는 그를 사모하는
마음이 터져버릴 것 같아
뜨거움을 식히는 바람이 불 때마다
후두둑 떨어뜨린다
효수 당한 채 두 눈 부릅 뜬 사람처럼
그를 향한 마음 어찌지 못해
여전히 불덩이어라.

# 담장 위의 개

어쩌자고 담장에 올랐을까
순하고 착한 개 한 마리
아무도 없는 집에서
목줄을 채인 채로
팽팽한 목줄이 제 마음을 당겨도
담장 위에 올라 무엇을 그리워하나
저만치 누군가가 보이는지도 모른다
그처럼 저를 잡는 팽팽한 줄 끊고
사람과 친해지기 전
아주 오래된 핏속에 흐르는 원시를
그리워하는가.

# 제주 해녀

벌써 가슴이 벅차고 설레여요
푸른 그리움이 출렁이는
어머니 자궁의 양수처럼
온 몸을 감싸는
바다의 깊이,
오히려 땅 위를 걷는 것이 힘들어요
내 자유로운 영혼이 유영할 수 있는
푸른 그리움이 넘치는 바닷속에 들면
풍덩!
숨이 차오르지만
본래 우리는 물에서 생겨났다고 하지요
다시
풍덩!
영혼의 자유가 살아있는
깊은 늪으로 빠져들고 싶어요.

## 날고 싶은 자전거

막 달리고 싶다
지상을 떠나
하늘로 두 바퀴 굴리며
날다보면
분명 나는 새일거야
아니, 이카로스처럼 태양을 향해
날아갈지도 몰라

자전거가 있는 풍경을 바라보면
나는 구름이 되고 싶다
푸른 하늘이 되고 싶다
하늘은 깊고 푸르고
내 마음은 어느새 별이 된다.

# 하늘에서

반갑다
마침내 바다 건너 그리운 땅

으르렁거리던 파도의 해를 지나
구름 사이로 낯익은 풍경
고소공포증도 사라지고
낯익은 땅을 바라보니
목구멍까지 차오르던 멀미도 사라져

반갑다
한때는 감옥이라 생각했던 땅이여
이제는 자유의 땅이다

켜켜이 가슴 속에 쌓여있던
가난과 눈물들이
저 푸른 바다로 흘러내리고
그리운 땅에 착륙한다
슬픔도 원망도 다 날려버리고
안식의 낙토에 안긴다.

# 푸른 설원

제주에는 바다가
섬 밖에만 있는 것이 아니다
너무 하애서 차라리 푸른
저 설원의 바다

며칠 동안 내린 폭설이 길을 막으면
한라산 나무들은 파도가 되어
바람이 불 때마다 출렁인다
그 바다 위를 제주 사람을 닮은 새들은
대양을 항해하는 배처럼
겨울 바다를 날아간다

아무것도 살지 않을 것 같은
끝없이 펼쳐진 설원에서
겨울을 견디는 목숨들도
물고기처럼 유영을 한다.

# 바다가 보이는 마을


바닷가에서
형형색색의 집들이
옹기종기 정답다

멀리 대양에서 불어오는 태풍
가장 먼저 온몸으로 맞서는
창과 칼을 든 저 굳센 병사들
그렇게 지나온 수천 년의 시간 속에서
끝끝내 살아남아
오늘은 바람도 멎고
봄을 알리는 유채꽃 피는 날
한가하게 햇살을 쬐며
바다가 들려주는 이야기를 듣는다.

# 둥근 돌들이 읽는 명심보감

하나의 조약돌이 되기 위해
얼마나 오랜 세월
고약한 성미
숫돌 같은 파도에 갈고 또 갈아
무디어졌을까

한 천 년쯤 온 몸을 뒹굴며
제 손에 쥔 칼날
제 안으로 찔렀을까

무엇이 더 남았는지
파도에 제 몸을 굴리고 있는가
그러나 나는 저 둥근 것들의 몸부림에서
노랫소리를 듣는다
더 다듬을 것도 없는 영혼들이
명심보감 읽는 소리를 듣는다.

# 물허벅

이제는 근대사박물관에 전시된
우리 어머니의 일생이 떠오르고
새벽이면 출렁이던
물소리가 들린다
그것을 한(恨)이라고 하지 않겠다
生의 노랫소리라고 말하고 싶다
그 노랫소리는 나를 재우고 키운
생명의 말씀,
온 가족을 먹여 살린
곳간에서 식량 푸는 소리

오늘은 아무렇게 버려진 물허벅이
왠지 쓸쓸하게 보인다
그 쓸쓸함의 힘이
내가 힘들 때마다
곁에서 등을 토닥거려주기도 했던
모음(母音)이라는 것을
나는 안다.